KALLIGRAFIE IST EIN KINDERSPIEL

Dieses Buch gehört

Claudia Dzengel

Kalligrafie

ist kein KINDERSPIEL

Antike Schriften & modernes Handlettering
für Kleine und Große

NILPFERD

Inhalt

1 Warum **ein gemeinsames Kalligrafiebuch für Kleine und Große?** 8

2 Die geheimnisvollen Schriften der Ägypter 10
Hieratische Zeichen & Hieroglyphen

Lesson I
Schreibe unser Alphabet in hieratischen Zeichen

Lesson II
Schreibe hieratische Ornamente und kombiniere sie mit Schriftfeldern

3 Wie in Stein gemeißelt … 20
Lapidar-Antiqua

Lesson III
Schreibe das Alphabet der Lapidar-Antiqua

Lesson IV
Kombiniere die hieratischen Zeichen mit der Lapidar-Antiqua und gestalte dir eigene Karten und Bilder

4 Schreiballtag im alten Rom 28
Römische Majuskel-Kursive

Lesson V
Schreibe die Grundelemente der Römischen Majuskel-Kursive

Lesson VI
Schreibe das Alphabet der Römischen Majuskel-Kursive

5 Buchstaben-Bilder 38
Kalligrafie & Lettering

Lesson VII
Zeichne ein Antiqua-Alphabet

Lesson VIII
Kombiniere geschriebene und gezeichnete Buchstaben und verziere sie.

Warum ein gemeinsames Kalligrafiebuch für Kleine und Große ?

Historische Schriften, zeitgenössische Kalligrafie und modernes Handlettering treffen in diesem Buch aufeinander. Es soll dazu einladen, neue Schriften zu entdecken und selbst auszuprobieren.

Wie der Titel schon sagt, werden die LeserInnen auf verspielte Weise an die Thematik des „Schönschreibens" von Hand (v. griechisch: kallos = schön; graphein = schreiben) und der Vermittlung unterschiedlichster Schriftthemen herangeführt. Wir schreiben mit Plakat- und Rohrfedern genauso wie mit Pinsel, Filzstift oder Pommes-Gabeln.

Es werden drei antike Alphabete aus unterschiedlichen Zeitepochen und ein handgezeichnetes modernes Alphabet vorgestellt. Anhand von Übungen wird in einzelnen Schritten an das Selberschreiben herangeführt. Dazu wird immer ein Arbeitsplatz mit den dafür benötigten Materialien wie Farben, Schreibwerkzeugen und Papier gezeigt.

„Kalligrafie ist {k}ein Kinderspiel" folgt auf „Kalligrafie und kreatives Schreiben für Kinder" und nimmt Bezug auf die Erfahrungen, die ich in den vergangenen Jahren mit dem ersten Buch und meiner Arbeit als Kalligrafin gemacht habe. „Kalligrafie und kreatives Schreiben für Kinder" wurde mehrfach ausgezeichnet und hat sich als Kalligrafie-EinsteigerInnenlektüre sowohl für Kinder als auch für Erwachsene bewährt.

Da ich in meinen Workshops für Kinder immer wieder erlebe, dass Eltern, Großeltern, Freunde ... gerne mitschreiben, biete ich inzwischen Workshops für Familien an. Kinder und Erwachsene arbeiten Seite an Seite und inspirieren sich gegenseitig. Im neuen Buch möchte ich nun gerne mit den Eindrücken, die ich beim Arbeiten in diesen Gruppen gewonnen habe, neue Ideen zur kalligrafischen Arbeit zeigen und ausführlicher beschreiben.

Der Titel des Buches drückt aus, wie unterschiedlich Kinder und Erwachsene an die Aufgaben herangehen und vereint daher zwei Titel in einem: Kalligrafie ist *ein* Kinderspiel für die meisten Kinder. Kalligrafie ist *kein* Kinderspiel für die meisten Erwachsenen.

Kinder gehen meistens locker an die gestellten Aufgaben heran und schreiben los, ohne sich vorher zu viele Gedanken über die Umsetzung zu machen. Erwachsene hingegen wollen die Aufgabe ganz genau verstehen und analysieren und wollen wissen, ob und wie sie das Vorhaben umsetzen. Vom ersten Strich an soll der perfekte Buchstabe auf dem Blatt stehen. Das macht Erwachsene oft unlocker und schränkt die Kreativität und

Experimentierfreude ein. Toll zu erleben, wenn die Erwachsenen sehen, mit welcher Dynamik Kinder arbeiten und Ideen weiterentwickeln. Im besten Fall lassen sie sich von ihnen anstecken. So wie auch dieses Buch einladen soll, sich von der experimentellen Buchstabenvielfalt anregen und inspirieren zu lassen.

Die Illustrationen in diesem Buch stammen von meinem Sohn Enno, der auch am ersten Buch mitwirkte. Wenn nicht anders angegeben, empfehlen wir für alle Übungen etwas festeres Zeichenpapier (ca. 150g). Je hochwertiger das Papier, desto besser steht die Tinte/Tusche darauf und zerrinnt nicht. Nicht zu empfehlen ist das Schreiben auf einfachem Kopierpapier.

Wir wünschen euch viel Spaß beim Schreiben und Zeichnen von Buchstaben!

Claudia
ENNO

Die geheimnisvollen Schriften der Ägypter

Hieratische Zeichen & Hieroglyphen

Du kennst die fantasievolle Bilderwelt der Hieroglyphen, die vor über 5000 Jahren im alten Ägypten entstand. Die Ägypter glaubten an ein Leben nach dem Tod und gaben den Verstorbenen über diese Zeichen alles mit auf den Weg, was sie im jenseitigen Leben benötigt hätten. So wurden diese „heiligen Zeichen“ aufgemalt, eingeritzt oder in Stein gemeißelt, und wir finden sie auf Grab- und Tempelwänden genauso wie auf Gegenständen der Grabausstattung. Die Schreibrichtung wurde so festgelegt, wie es am besten passte und am schönsten aussah. Das konnte von rechts nach links, von links nach rechts oder von oben nach unten sein. Um die Schreibrichtung festzustellen, musst du auf die Blickrichtung der Personen- und Tierzeichen achten. Sämtliche Hieroglyphen sind auf den Anfang der jeweiligen Zeile ausgerichtet.

Neben den Hieroglyphen entwickelte sich im alten Ägypten eine weitere Schriftart: die Hieratische Schrift. Sie war eine Schreibschrift für den Alltagsgebrauch. Du kannst sie mit unserer Schreibschrift vergleichen, die im Gegensatz zu unseren gedruckten Buchstaben steht. Für die Anordnung der rund 600 hieratischen Zeichen galten weitaus strengere Regeln als für die Rasterordnung der Hieroglyphen. Geschrieben wurde ausschließlich von rechts nach links. Die Zeichen konnten senkrecht untereinander oder später auch waagerecht nebeneinander geschrieben sein.

Schriftliche Quellen dieser Alltagsschrift sind auf Ostraka (Ton- und Steinscherben, die als „Notizzettel” dienten) oder Papyrus festgehalten. Das „Papier” der Ägypter wurde aus Papyruspflanzen gewonnen. Die Stängel hat man geschält und das Mark der Pflanze in Streifen geschnitten. Diese wurden kreuzweise übereinandergelegt und dann zusammengepresst. Eine Papyrusrolle bestand aus meist zwanzig zusammengeklebten Blättern und konnte mehrere Meter lang sein. Hierauf wurden Dokumente verfasst, die längere Zeit benutzt oder eingelagert werden sollten, wie zum Beispiel Gerichtsakten, Weisheitslehren und Erkenntnisse aus der Wissenschaft; aber auch erzählende Texte, Märchen oder Totenbücher, finden sich auf Papyrusbögen. Die Lesbarkeit der Texte hing mit der Handschrift des Schreibers zusammen: Hatte er eine schöne Schrift, konnte man die Zeichen besser lesen und den Inhalt schneller verstehen. Das hat sich bis heute nicht geändert, oder?

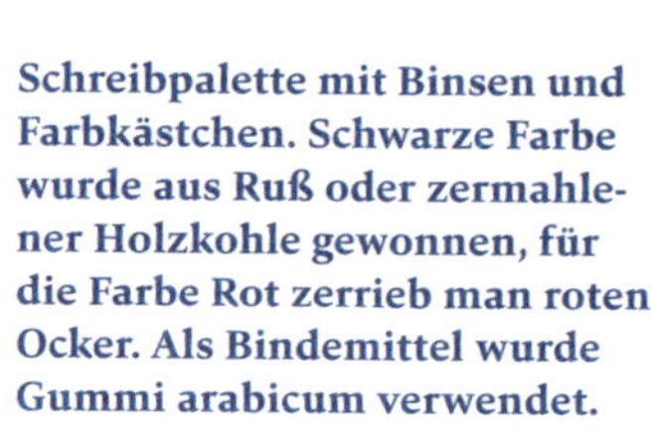

Schreibpalette mit Binsen und Farbkästchen. Schwarze Farbe wurde aus Ruß oder zermahlener Holzkohle gewonnen, für die Farbe Rot zerrieb man roten Ocker. Als Bindemittel wurde Gummi arabicum verwendet.

Da heute niemand genau weiß, wie die einzelnen Hieroglyphen und hieratischen Schriftzeichen ausgesprochen wurden, haben sich verschiedene Schreibweisen verbreitet. Hier siehst du ein Alphabet des Roemer-Pelizaeus-Museums in Hildesheim.

Lesson I

Schreibe unser Alphabet in hieratischen Zeichen

Die hieratischen Zeichen lassen sich gut mit einer breiten Schreibspitze schreiben. Probiere verschiedene Werkzeuge aus und ziehe die Linien in der Reihenfolge der Pfeile auf der nebenstehenden Seite.

Beginne am besten mit einem breiteren Werkzeug, z.B. Rohrfeder, Automatic-Pen oder Plakatfeder und wechsle später auf eine schmalere Schreibspitze, z.B. Bandzugfeder (2 mm) oder Calligraphy-Pen.

Lege dir genügend Papier zurecht, mindestens A4-Format. Zum Schreiben kannst du Tinte, Tusche oder Holzbeizen verwenden. Achte darauf, dass die Öffnung des Gefäßes groß genug zum Eintauchen der Werkzeuge ist.

Später kannst du die hieratischen Zeichen mit gezeichneten Antiqua-Buchstaben kombinieren. Eine Lettering-Vorlage und Beschreibung dazu findest du auf Seite 39.

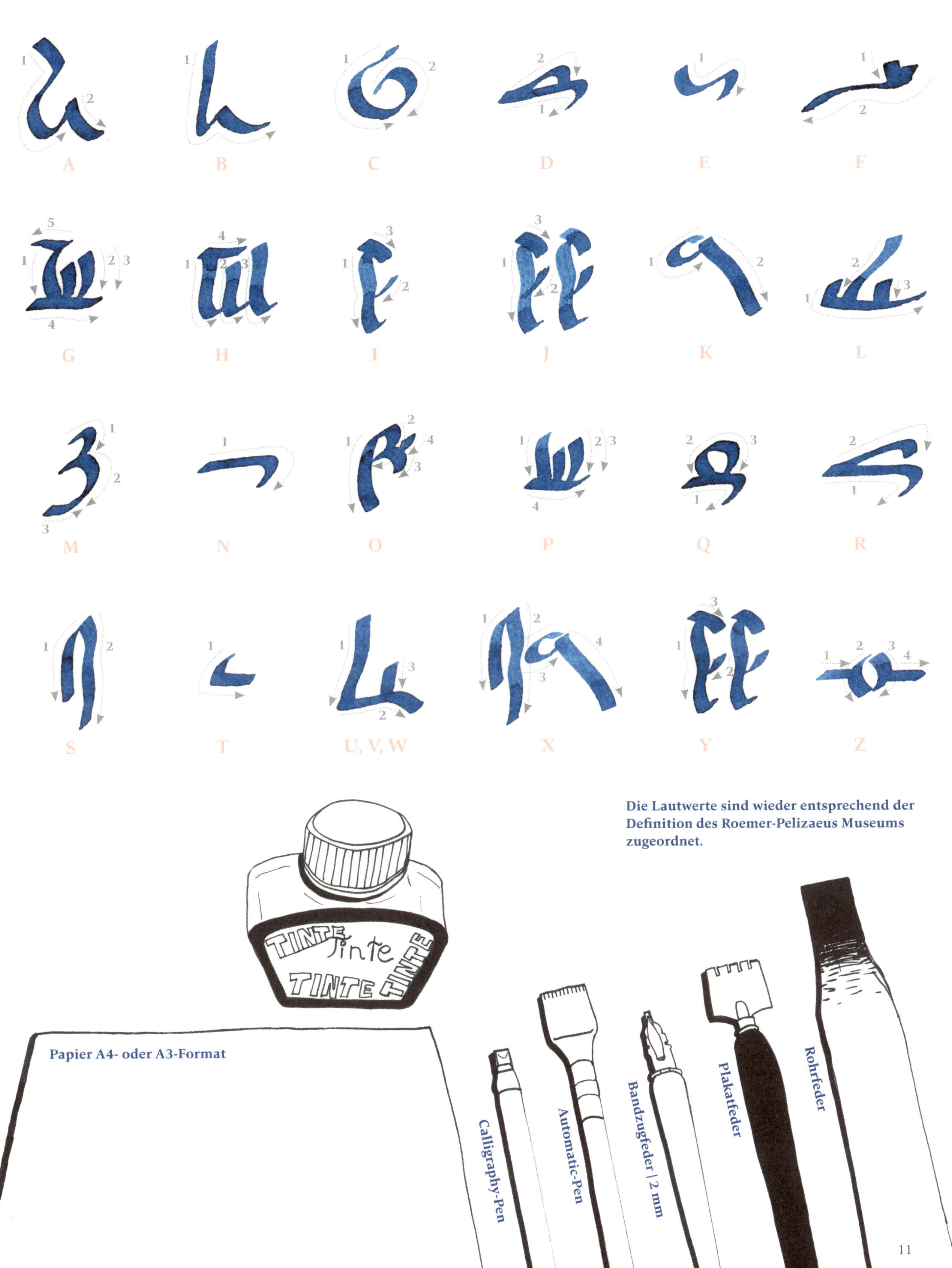

Die Lautwerte sind wieder entsprechend der Definition des Roemer-Pelizaeus Museums zugeordnet.

Lesson II

Schreibe hieratische Ornamente und kombiniere sie mit Schriftfeldern

Die hieratischen Schriftzeichen lassen sich wunderbar zu Ornamentbildern zusammenfügen. Suche dir zum Beispiel einen zentralen Punkt auf deinem Papier und markiere diesen mit einem Bleistift. Schreibe nun dein ausgewähltes Zeichen unterhalb dieses Punktes. Dann wende dein Blatt um 90° und schreibe dasselbe Zeichen wieder unterhalb des Punktes. Wiederhole diesen Vorgang noch zweimal, bis du vier Zeichen in je einer Richtung geschrieben hast. Nachdem deine Zeichen getrocknet sind, kannst du das entstandene Muster in verschiedenen Richtungen wiederholen und das ganze Blatt mit diesem Ornament gestalten, wie zum Beispiel auf dieser Seite. Dieses Muster ist aus dem hieratischen Buchstaben mit dem Lautwert B gebildet.

Oder du zeichnest dir mit einer Schablone (z.B. Bierdeckel oder Marmeladenglas-Deckel) Felder auf dein Ornamentbild und füllst diese handschriftlich oder mit Mustern beschrieben aus. Achte dabei auf einen schönen farblichen Kontrast, wie auch auf einen guten Kontrast zwischen breiten Ornamentlinien und fein geschriebenen Linien innerhalb der Schablonenfelder. Je feiner und zarter die Linien innerhalb der Felder sind, desto spannender erscheint der Gesamteindruck des Schriftbildes.

Die großen Ornamentzeichen kannst du z.B. mit Balsaholz, Pappstreifen, Flachpinsel oder Pommes-Gabeln schreiben. Für die feinen Linien eigenen sich Fineliner, Filzstifte oder Spitzfeder. Als Schreibflüssigkeit verwende Tinte oder Holzbeize.

Schablonen: z.B. Bierdeckel,
Marmeladenglas-Deckel
Gefäß mit Holzbeize
Wichtig: breite Öffnung
zum Eintauchen des
Werkzeugs
Papier A3 oder A2-Format
Fineliner
Flachpinsel
Balsaholz
Pommes-Gabel aus Holz
Pappstreifen

So kann es aussehen:
Ornament mit dem hieratischen Zeichen für S

Wie in Stein gemeißelt... Lapidar-Antiqua

Einige Jahrhunderte bevor die Hieroglyphen und die hieratische Schrift in Vergessenheit gerieten, entstand im römischen Reich die Lapidar-Antiqua.

Die Bezeichnung Lapidarschrift leitet sich von dem lateinischen Begriff *lapis=Stein* ab, da es sich um eine in Stein geritzte oder gemeißelte Schrift handelte.

Zuerst entwickelten die Griechen aus dem phönizischen Alphabet die griechische Lapidarschrift, die ihre Hochphase vom 8. bis ins 5. Jh. v. Chr. hatte. Danach übernahmen die Römer zur Entwicklung des lateinischen Alphabets die griechische Vorlage und entwickelten daraus die römische Lapidarschrift. Diese Schrift hat noch keine festen Formen; die Schreibrichtung ist teilweise von rechts nach links, wie bei alten griechischen Inschriften. Erst in den letzten beiden vorchristlichen Jahrhunderten verfeinerte sich die Form und gewann an Festigkeit und Genauigkeit, basierend auf der quadratischen Grundform. Auch in der römischen Architektur und im römischen Design waren die geometrischen Zeichen Quadrat, Kreis und Dreieck formbildend.

Weshalb wir diese Schrift für unser Buch ausgewählt haben, ist der tanzende und zeitlose Charakter der einzelnen Zeichen. Es gibt noch keinen rechten Winkel zwischen den waagerechten und senkrechten Linien und keine Symmetrie in den Buchstaben. Dies verleiht dem Schriftbild eine gewisse Natürlichkeit und lässt individuelle und wandelbare Ausführungen zu. Wie wir auf den nächsten Seiten sehen werden, lassen sich die rhythmisch geschriebenen Texte auch gut mit anderen historischen Schriften oder Zeichen kombinieren.

Mit einer Bandzugfeder oder Spitzfeder kann die Lapidar-Antiqua geschrieben werden. Die Version mit der Bandzugfeder verleiht der Schrift den typischen Wechselstrich, der je nach Haltung der Schreibspitze eine schmale oder breite Linie aufweist. Mit der Spitzfeder werden besonders Anfang und Ende des Strichs, durch Verstärkung des Druckes, herausgebildet. Beide Versionen haben ihren Reiz!

Die Lapidar-Schrift gilt als Vorläufer der Capitalis Monumentalis, die im Bezug auf Form, Ästhetik und Proportion als das Ideal der lateinischen Schrift gilt und zum Vorbild unserer Großbuchstaben wurde. Obwohl diese Buchstaben 2000 Jahre alt sind, ist die Schrift heute noch genauso aktuell wie damals.

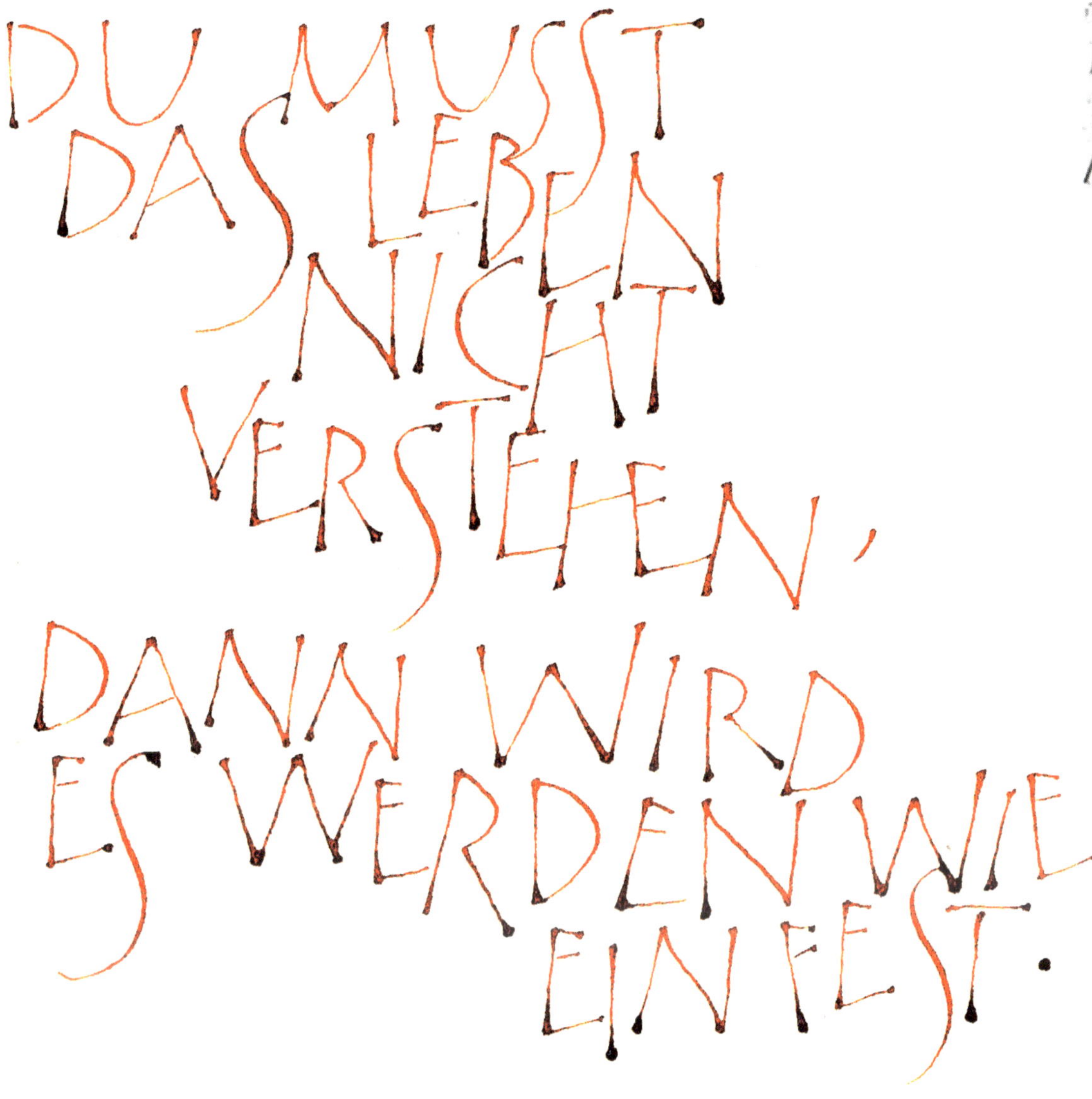

IMP CAES
TRAIAN
MAXIMO
ADDECLA

Du siehst hier oben einen Textausschnitt von der Trajanssäule (113 n. Chr., Rom) mit der Capitalis Monumentalis, die noch heute als Grundlage und Vorbild unserer Großbuchstaben gilt. Die „Füßchen", am Anfang und Ende einiger Buchstaben werden SERIFEN genannt.

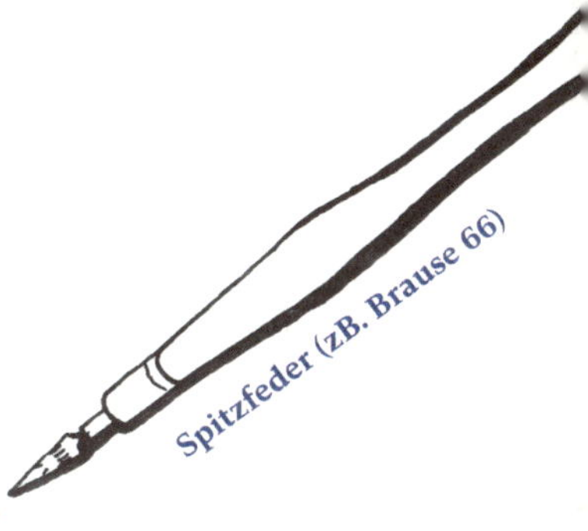

DU MUSST
DAS LEBEN
NICHT
VERSTEHEN,
DANN WIRD
ES WERDEN WIE
EIN FEST.

R. M. RILKE

Spitzfeder (zB. Brause 66)

Hier siehst du die Lapidar-Antiqua mit der Spitzfeder geschrieben. Durch Druck auf die Feder werden Anfang und Ende des Striches stark betont.

Das untere Beispiel zeigt eine Variante mit der Bandzugfeder geschrieben. Anfang und Ende der Buchstaben werden ebenfalls durch Druck betont, aber nicht so stark wie bei der Spitzfeder. Je breiter die Federspitze ist, desto stärker bildet sich der WECHSELSTRICH heraus.

Bandzugfeder | 1 mm

QRSTU VWXYZ ABCDEFGHIJKL

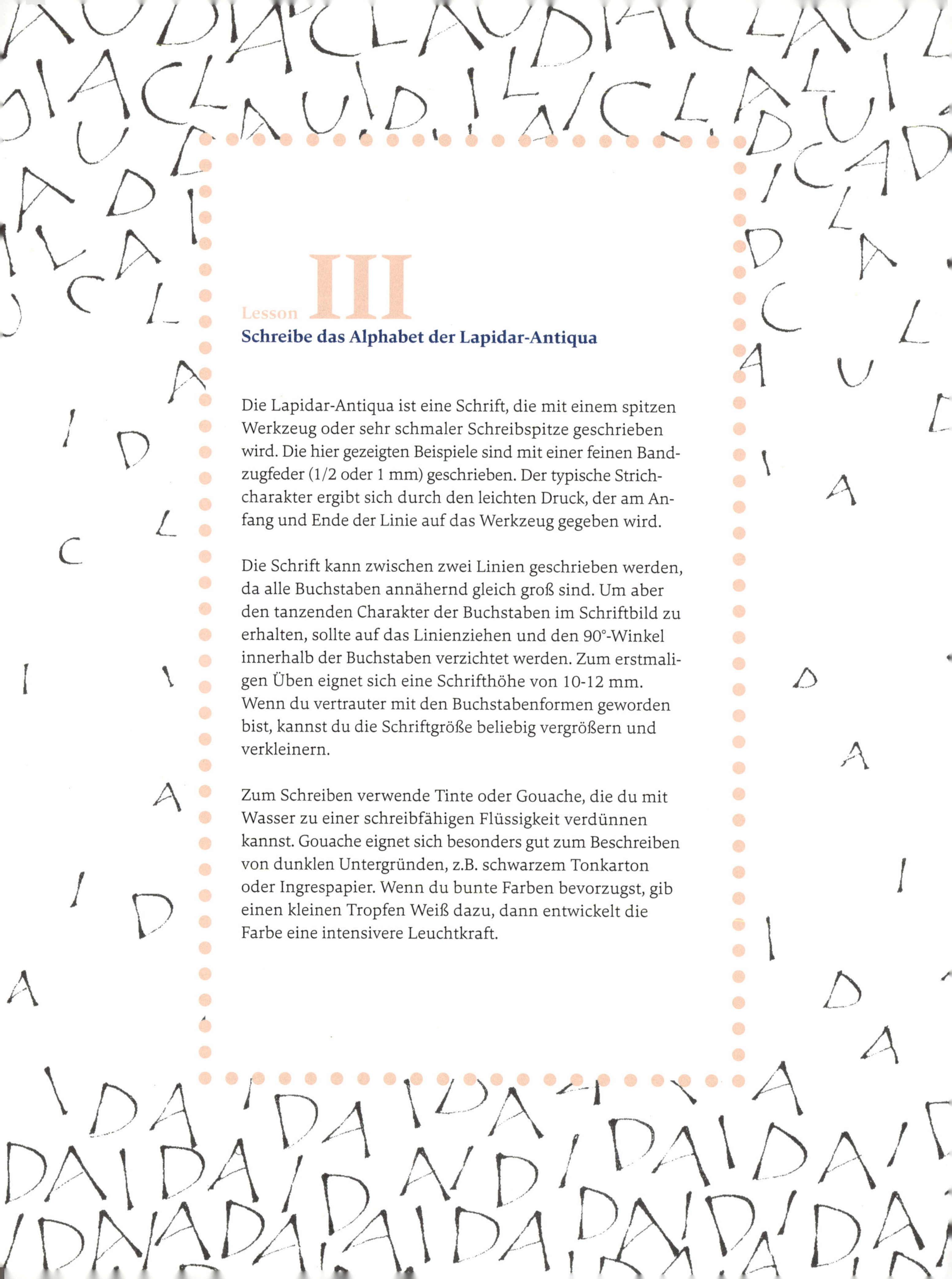

Lesson **III**

Schreibe das Alphabet der Lapidar-Antiqua

Die Lapidar-Antiqua ist eine Schrift, die mit einem spitzen Werkzeug oder sehr schmaler Schreibspitze geschrieben wird. Die hier gezeigten Beispiele sind mit einer feinen Bandzugfeder (1/2 oder 1 mm) geschrieben. Der typische Strichcharakter ergibt sich durch den leichten Druck, der am Anfang und Ende der Linie auf das Werkzeug gegeben wird.

Die Schrift kann zwischen zwei Linien geschrieben werden, da alle Buchstaben annähernd gleich groß sind. Um aber den tanzenden Charakter der Buchstaben im Schriftbild zu erhalten, sollte auf das Linienziehen und den 90°-Winkel innerhalb der Buchstaben verzichtet werden. Zum erstmaligen Üben eignet sich eine Schrifthöhe von 10-12 mm. Wenn du vertrauter mit den Buchstabenformen geworden bist, kannst du die Schriftgröße beliebig vergrößern und verkleinern.

Zum Schreiben verwende Tinte oder Gouache, die du mit Wasser zu einer schreibfähigen Flüssigkeit verdünnen kannst. Gouache eignet sich besonders gut zum Beschreiben von dunklen Untergründen, z.B. schwarzem Tonkarton oder Ingrespapier. Wenn du bunte Farben bevorzugst, gib einen kleinen Tropfen Weiß dazu, dann entwickelt die Farbe eine intensivere Leuchtkraft.

GOUACHE
Papier A4- oder A3-Format
Spitzpinsel
zum Befüllen der Federn
Spitzfeder (z.B. Brause 66)
Bandzugfeder | 1 mm

Lesson IV

Kombiniere die hieratischen Zeichen mit der Lapidar-Antiqua und gestalte dir eigene Karten und Bilder

Die Buchstaben der Lapidar-Antiqua kannst du beim Schreiben auch ohne Zeilenabstand direkt aneinandersetzen. Dies verleiht dem Schriftbild eine gitterartige Struktur, womit sich sehr schön Felder in den verschiedensten Formaten ausfüllen lassen. Diese Antiqua-Felder lassen sich gut mit groß geschriebenen hieratischen Zeichen kombinieren und für Bilder und Kartengestaltungen verwenden.

Falte z.B. ein festeres A4-Blatt zu einer A5-Klappkarte. Schreibe auf der Vorderseite den Anfangsbuchstaben deines Namens mit einem breiten Werkzeug (Balsaholz, Plakatfeder ...) in der hieratischen Schrift. Wenn das Zeichen getrocknet ist, setze mit einer Schablone (Metalldeckel, Bierdeckel ...) eine Form darüber und fülle diese mit einem Gedicht, das dir gefällt, aus. Schreibe nicht über das hieratische Zeichen drüber, sondern spare diese Linie aus. Verwende für die Schrift einen ganz feinen Strich (Fineliner, Spitzfeder ...), damit ein großer Kontrast zur breiten Linie des hieratischen Zeichens erreicht wird.

A4-Papier zu einer
A5-Klappkarte gefaltet
TINTE
Tinte
TINTE
TINTE
Schablonen: z.B. Bierdeckel,
Marmeladenglas-Deckel
Fineliner
Spitzpinsel
zum Befüllen der Feder
Spitzfeder (z.B. Brause 66)
Automatic-Pen
Plakatfeder
Balsaholz

Schreiballtag im alten Rom

Römische Majuskel-Kursive

Wie wir im Kapitel über die altägyptischen Schriftzeichen gesehen haben, wurden außer den feierlichen Inschriften auch Schriften benötigt, die mit weniger Aufwand und vor allem schneller geschrieben werden konnten. Daher gibt es zur Entwicklung von Buchstaben für Inschriften oft eine Parallelentwicklung für den alltäglichen Schriftgebrauch. Die vereinfachte Variante der Hieroglyphen haben wir in Kapitel 2 mit der hieratischen Schrift schon kennen gelernt. Jetzt wenden wir uns der Kursivschrift zu, die sich parallel zu den römischen Inschriften entwickelt hat und als Römische Majuskel-Kursive bezeichnet wird. Majuskeln sind die Großbuchstaben – im Gegensatz zu den Minuskeln, den Kleinbuchstaben. Unter Kursivschrift versteht man allgemein eine verbundene, schnell geschriebene und dadurch oft leicht geneigte Schrift.

Auf den Monumentalbauten der Römer finden wir die eleganten Großbuchstaben der Capitalis Monumentalis, von der schon im vorherigen Kapitel zu lesen war. Die Buchstaben wurden zuerst mit einem flachen Pinsel vorgeschrieben und dann mit Hammer und Meißel in Stein gehauen. Um im Schreib-Alltag dem Bedarf nach Schnelligkeit und Einfachheit gerecht zu werden bediente man sich in der Antike einer Art Notizblock. Er bestand aus hölzernen Tafeln, die an den Rändern durchbohrt und mit Riemchen zusammengehalten wurden. Die ungefähr postkartengroßen Brettchen hatten flache Vertiefungen, die mit einer 2-3 mm dicken Wachsschicht gefüllt waren. Oft wurde dem Bienenwachs auch Ton zugefügt, um es als Schreibuntergrund zu festigen. Dieses Wachstafelbuch hieß bei den Römern Codex, so wie später auch die zwischen zwei Holzdeckeln eingebundenen Pergamentbücher hießen. Die Schrift wurde in die Wachsschicht geritzt. Geschrieben wurde mit einem metallenen Griffel, auch Stilus genannt, der am oberen Ende einen kleinen Spatel besaß, mit dem einzelne Buchstaben oder Zeilen getilgt werden konnten. Diese Kombination kannst du mit unserem heutigen Bleistift und Radiergummi vergleichen.

Wachstafel und Griffel
Zwei oder mehr dieser Tafeln wurden zu einer Art Buch verbunden, auch für den Briefwechsel haben sie sich geeignet.

Das Ritzen in Wachs zwang zum Vereinfachen der Buchstaben, und die römische Kursive passte sich diesem Beschreibstoff an. Sie bekam handschriftliche Züge und es bildeten sich zahlreiche Ligaturen, also Buchstabenverbindungen, die sich besonders gut an der Schriftoberkante herstellen lassen. Die Kursive hatte sich bald als eigene Schrift verselbständigt und wurde später auch mit der Rohrfeder auf Papyrus oder Pergament geschrieben. Im Laufe der Zeit bildeten sich die ersten Ober- und Unterlängen heraus, aus denen sich nach und nach die ersten Anfänge unseres Kleinbuchstabenalphabets bildeten. Wir beschäftigen uns in den folgenden Übungen aber ausschließlich mit den Majuskeln. Diese Schrift kann noch als Zwei-Linien-Schrift verstanden werden, das heißt, die Ober- und Unterkante der Buchstaben gibt jeweils die Linienhöhe vor.

KALLIGRAFIE
IST EIN
KINDERSPIEL

THE QUICK BROWN FOX JUMPS
OVER THE LAZY DOG · THE QUICK
BROWN FOX JUMPS OVER THE
LAZY DOG · THE QUICK BROWN
FOX JUMPS OVER THE LAZY DOG ·

Zahlreiche LIGATUREN = Buchstabenverbindungen findest du in diesen Texten.

CEGOQ

Lesson V

Schreibe die Grundelemente der Römischen Majuskel-Kursive

Um mit der Schrift und den Werkzeugen vertraut zu werden, beginnen wir mit ein paar Formstudien zur Römischen Majuskel-Kursive. Aus den drei vorgestellten Grundstrichen kannst du später Musterbilder oder Buchstabengruppen bilden.

Zuerst schreiben wir die für diese Schrift typische Rundung der Buchstaben C, E, G, O, und Q, danach die senkrechte Linie des Buchstaben I, die mit ihrem leichten Ein- und Ausschwung eine kurze Serife bildet. In abgewandelter Form finden wir diese Linie auch in den Buchstaben B, D, F, H, J, K, L, M, N, P, R und T wieder. Wenn du hier beim Ein- und Ausschwingen den Druck auf die jeweils innere Rundung etwas verstärkst erhältst du einen schönen sanften Übergang mit der senkrechten Linie. Schreibe die einzelnen Formen untereinander, nebeneinander oder bunt verteilt auf dem Blatt. Mische auch größere mit kleineren Formen und verwende unterschiedliche Farben.

Zum Schreiben der Grundformen eignen sich Werkzeuge mit einer breiten Schreibspitze wie z. B. Balsaholz, Pappstreifen, Rohrfeder, Plakatfeder oder Automatic-Pen. Da ich diese Formstudien auch gerne als Untergrundbilder verwende, nehme ich als Schreibflüssigkeit gerne stark verdünnte Holzbeizen oder verwässerte Tuschen.

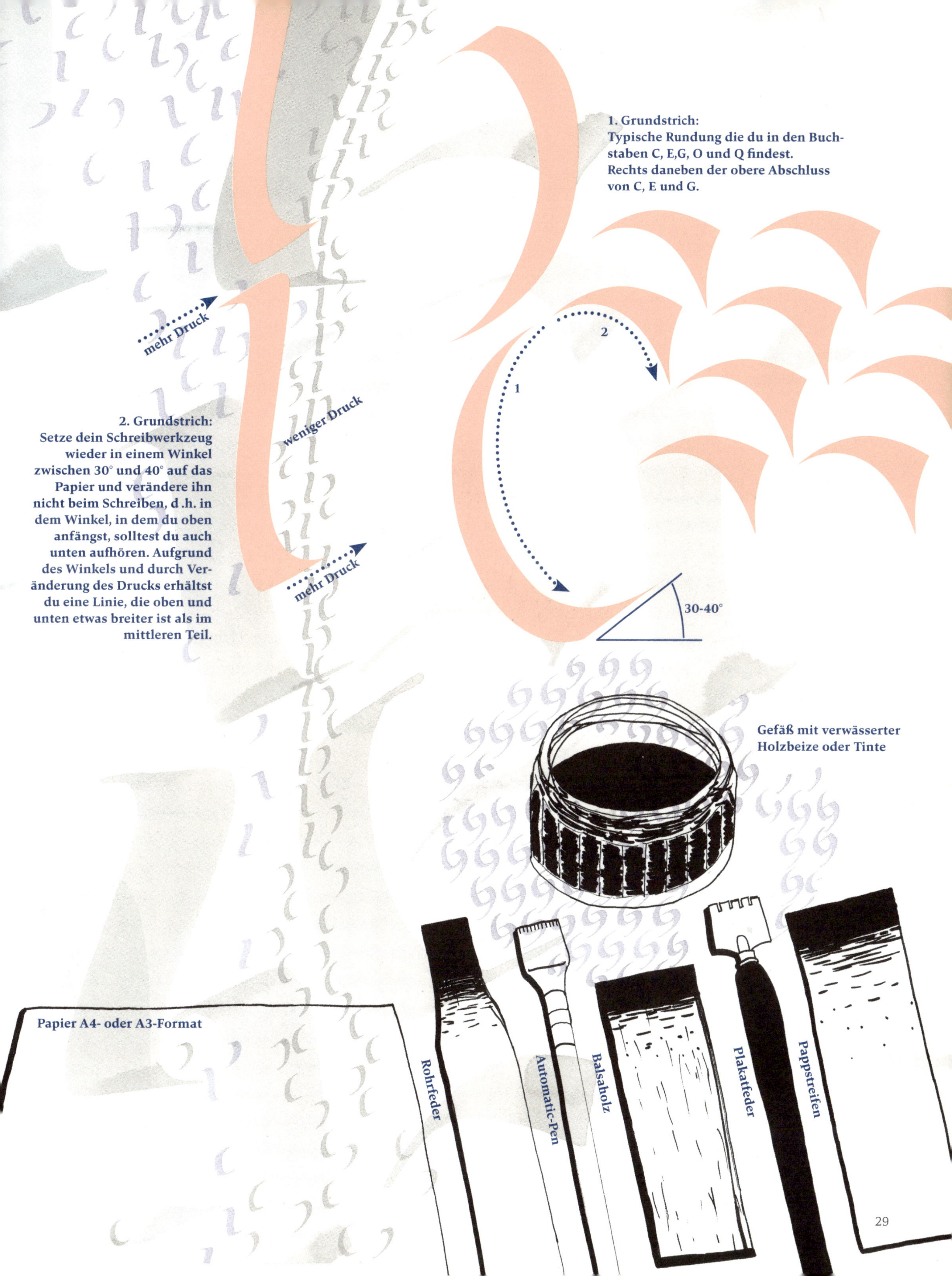
1. Grundstrich:
Typische Rundung die du in den Buchstaben C, E,G, O und Q findest.
Rechts daneben der obere Abschluss von C, E und G.
mehr Druck
2
1
2. Grundstrich:
Setze dein Schreibwerkzeug wieder in einem Winkel zwischen 30° und 40° auf das Papier und verändere ihn nicht beim Schreiben, d.h. in dem Winkel, in dem du oben anfängst, solltest du auch unten aufhören. Aufgrund des Winkels und durch Veränderung des Drucks erhältst du eine Linie, die oben und unten etwas breiter ist als im mittleren Teil.
weniger Druck
mehr Druck
30-40°
Gefäß mit verwässerter Holzbeize oder Tinte
Papier A4- oder A3-Format
Rohrfeder
Automatic-Pen
Balsaholz
Plakatfeder
Pappstreifen

SCHWARZE KATZE • EINGES

CH WIE EINE STELLE, DRAN DEN BLICK MIT EINEM KLANGE STÖSST; ABER DA
R. M. RILKE

Lesson **VI**

Schreibe das Alphabet der Römischen Majuskel-Kursive

Nachdem du dich mit den Formstudien gut auf die Schrift eingestimmt hast, wollen wir nun das ganze Alphabet schreiben. Auch wenn es sich um eine Zwei-Linien-Schrift handelt, bilden sich bereits einige Oberlängen (B, D, F, P, R) und Unterlängen (S, G) heraus. Hauptsächlich richten wir uns aber an der Schriftoberkante aus, denn die Schrift lebt auch von den individuellen Buchstabenverbindungen (Ligaturen), die sich am besten an der Oberkante herstellen lassen. Diese Verbindungen geben der Schrift ihren unverwechselbaren Charakter, die Grundlinie spielt im Schreibfluss nur eine untergeordnete Rolle. Auch der eigene handschriftliche Rhythmus darf gerne mit in das Schriftbild einfließen (siehe Seite 34-35).

Die Schrift lässt sich mit einem geringen Strichkontrast (Redisfeder) genauso schreiben wie mit einem stärkeren Strichkontrast (Bandzugfeder, Rohrfeder, Plakatfeder, Automatic-Pen), der dem Text insgesamt mehr Dynamik verleiht. Zum Schreiben eignen sich Tinten, Holzbeizen und Gouache.

Beispieltext ohne STRICHKONTRAST

Papier A4- oder A3-Format
Unten: **Beispiel für starken** STRICHKONTRAST

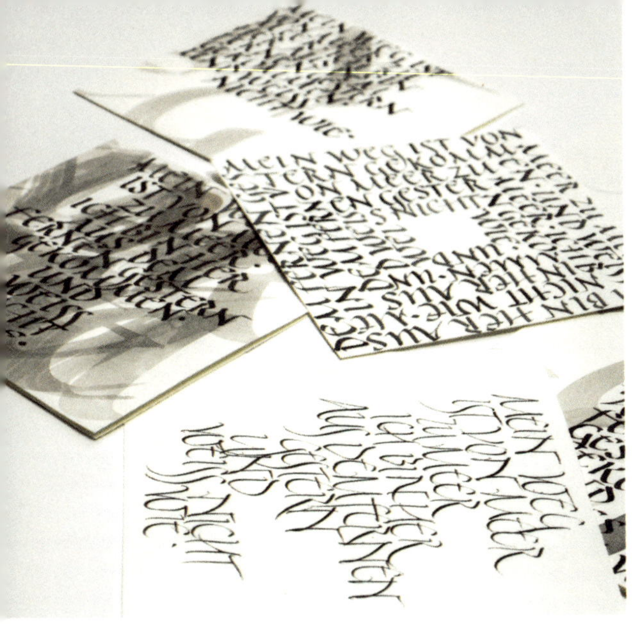

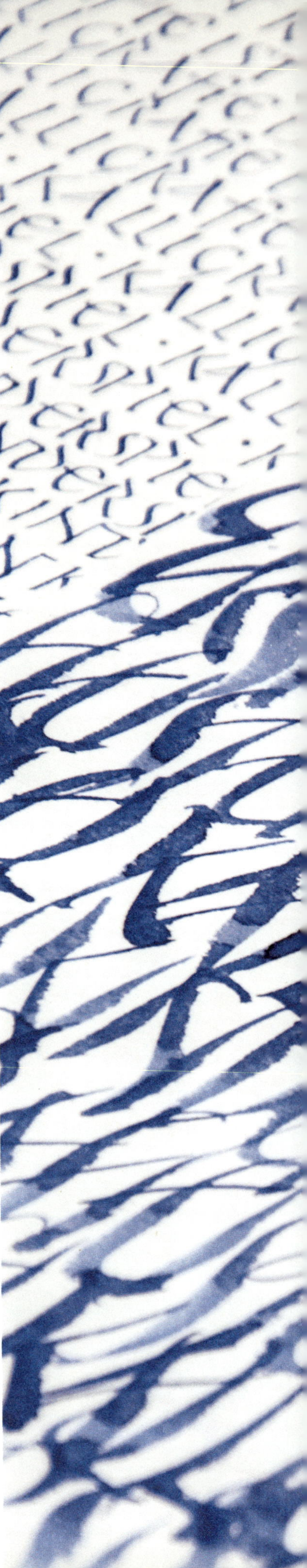

Kleines Foto oben: **Quadratische Grußkarten**
Großes Foto: **Schriftbeispiele mit Bandzugfeder, Automatic-Pen, Ziehfeder (von links nach rechts)**

Buchstabenbilder
Kalligrafie & Lettering

Was ist der Unterschied zwischen Kalligrafie und Lettering?

Das Hauptunterscheidungsmerkmal ist, dass in der Kalligrafie die Schrift geschrieben wird, während im Lettering die Buchstaben gezeichnet werden. Ein kalligrafierter, handgeschriebener Text entsteht spontan in einem Zug, ohne Korrektur. Unsere Handbewegung hinterlässt eine einmalige Spur, und der entstandene Schriftzug ist nicht exakt wiederholbar. Je nach Werkzeug entsteht ein einzigartiges Kunstwerk. Das kann mit Feder und Tusche auf Papier, mit Pinsel auf Holz und Stein oder mit einem Stock in den Schnee oder Sand geschrieben sein.

Im Unterschied dazu wird im Handlettering mehr gezeichnet als geschrieben. Die Buchstaben werden zeichnerisch konstruiert und bieten viele Korrekturmöglichkeiten. Mit zahlreichen Strichen kann eine Form mit feinen Details herausgearbeitet werden. Meistens wird ein Wort gezeichnet oder eine kurze Wortfolge, die eine bestimmte Botschaft oder Emotion vermittelt. Oft entstehen in Anlehnung an historische Schriften ganz neue Buchstabenkreationen, auch von Illustrationen aus Buchstaben wird gesprochen. Dabei sollten die Buchstaben in Beziehung zueinander gestaltet werden. Das heißt, auch der Raum innerhalb der Buchstaben sowie der Raum zwischen ihnen, der sogenannte Weißraum, muss abgestimmt sein.

Das Handlettering-Universum ist groß, und es gibt verschiedene Herangehensweisen. Wir zeigen euch hier einen kleinen Ausschnitt davon, und wie ihr gezeichnete Buchstaben mit historischen Schriften oder Bildern kombinieren könnt. Als Vorlage verwenden wir eine klassizistische Antiqua, die sich ab Ende des 18. Jahrhunderts entwickelte und heute in Form verschiedenster Alphabete auch digitalisiert zur Verfügung steht. Die typischen Merkmale dieser Schriften sind ein starker Kontrast zwischen den fetten und feinen Linien und dass der senkrechte Buchstabenschaft oft übergangslos auf die feinen Serifenlinien trifft. Wie ihr schon wisst, werden Serifen die Füßchen oder End-Querstriche der Buchstaben genannt. Diese Endungen können im Handlettering sehr unterschiedlich ausfallen.

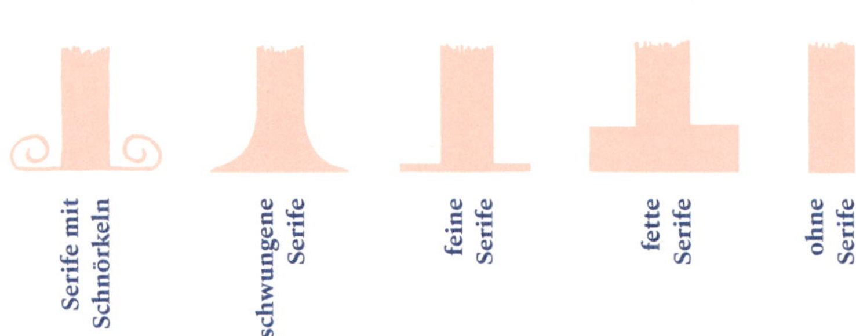

Gewöhne dir an, immer ein Skizzenbuch dabeizuhaben, in dem du Vorstudien und Ideen festhalten kannst.

LETTERING

Kalligrafie

kalligrafie

KALLIGRAFIE

U N D

LETTERING

LETTERING

kalligrafie

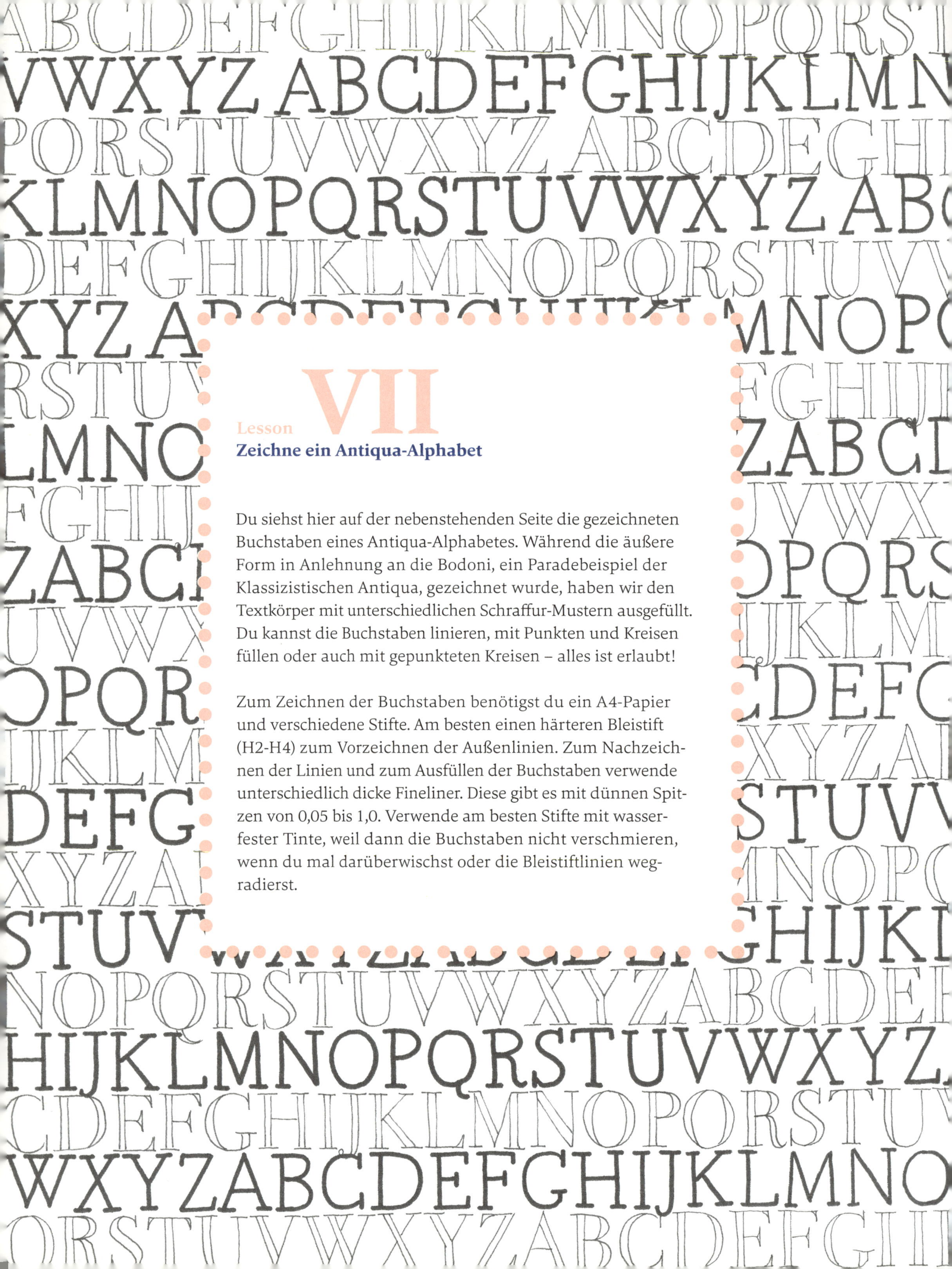

Lesson **VII**

Zeichne ein Antiqua-Alphabet

Du siehst hier auf der nebenstehenden Seite die gezeichneten Buchstaben eines Antiqua-Alphabetes. Während die äußere Form in Anlehnung an die Bodoni, ein Paradebeispiel der Klassizistischen Antiqua, gezeichnet wurde, haben wir den Textkörper mit unterschiedlichen Schraffur-Mustern ausgefüllt. Du kannst die Buchstaben linieren, mit Punkten und Kreisen füllen oder auch mit gepunkteten Kreisen – alles ist erlaubt!

Zum Zeichnen der Buchstaben benötigst du ein A4-Papier und verschiedene Stifte. Am besten einen härteren Bleistift (H2-H4) zum Vorzeichnen der Außenlinien. Zum Nachzeichnen der Linien und zum Ausfüllen der Buchstaben verwende unterschiedlich dicke Fineliner. Diese gibt es mit dünnen Spitzen von 0,05 bis 1,0. Verwende am besten Stifte mit wasserfester Tinte, weil dann die Buchstaben nicht verschmieren, wenn du mal darüberwischst oder die Bleistiftlinien wegradierst.

Papier A4- oder A3-Format

Bleistift

Verschiedene Fineliner

r o t k ä p p

GROSSMUTTER
WAS HAST DU FU
ER GROSSE OHR
EN? DASS ICH D
CH BESSER HOE
REN KANN. ABER
GROSSMUTTER
WAS HAST DU
FUER GROS
SE AUGEN?
DASS ICH D
CH BESSER
SEHEN KAN
N. ABER
GROSSMUTTER
WAS HAST DU FU
ER GROSSE HAE
NDE? DAS ICH D

Lesson **VIII**

Kombiniere geschriebene und gezeichnete Buchstaben und verziere sie.

Natürlich lassen sich geschriebene und gezeichnete Buchstaben in den unterschiedlichsten Varianten erstellen. Du kannst die Buchstaben mit und ohne Serifen schreiben, mit deiner Handschrift kombinieren oder so verformen, dass sie einem Graffitibild gleichen. Auch wunderbare Muster lassen sich aus Buchstaben oder deren Grundformen schreiben. Setze z. B. das O aus zwei Rundungen zusammen wie auf diesem Bild, das ist einfacher, als einen Kreis aus einem Schwung zu schreiben.

Nimm verschiedene Farbstifte wie Filzstifte, Fineliner, Pinselstifte (Brush-Pens) ... und überlege dir ein Wort oder einen Satz, den du gerne schreiben möchtest. Zeichne und schreibe das Wort in verschiedenen Farben und Formen. Wiederhole es gerne öfter, so wie es auch auf Seite 37 zu sehen ist, oder gestalte es nach einem der Beispiele von der Nebenseite.

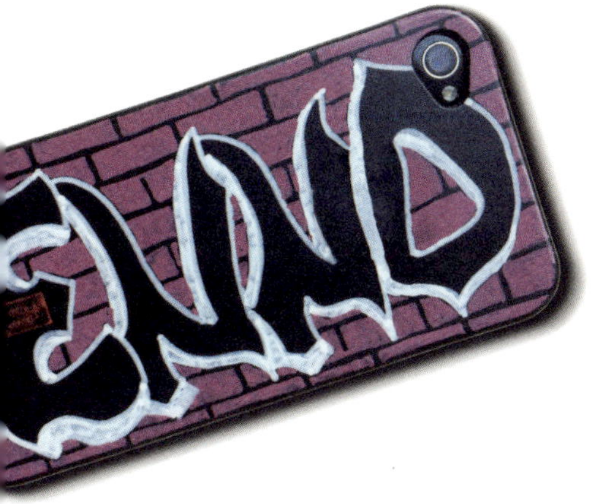

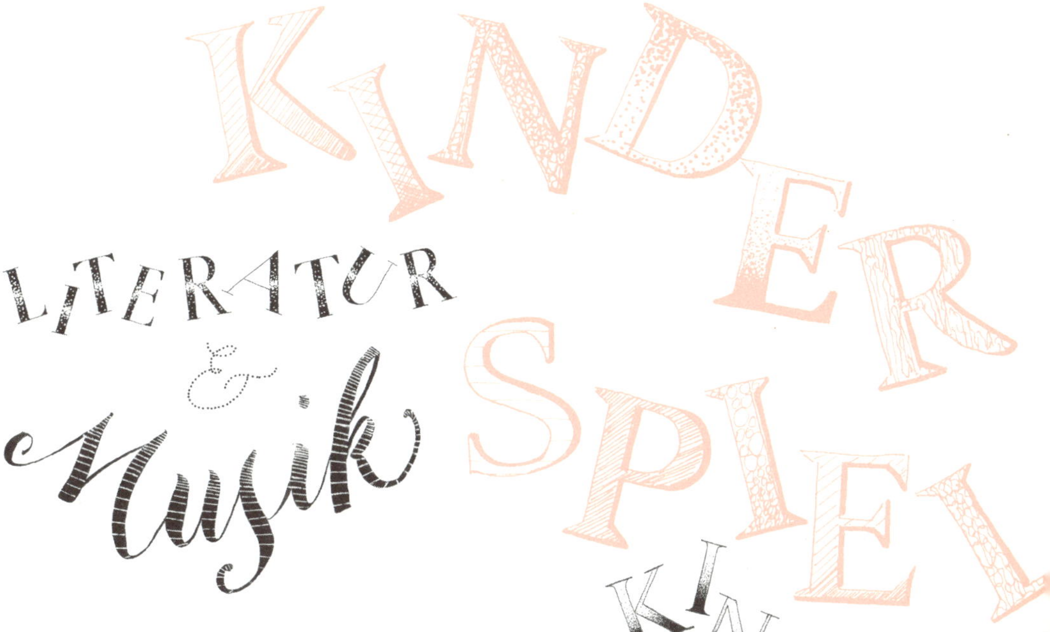

Literatur
&
Musik
Kinder
Spiel

Kinder
Spiel

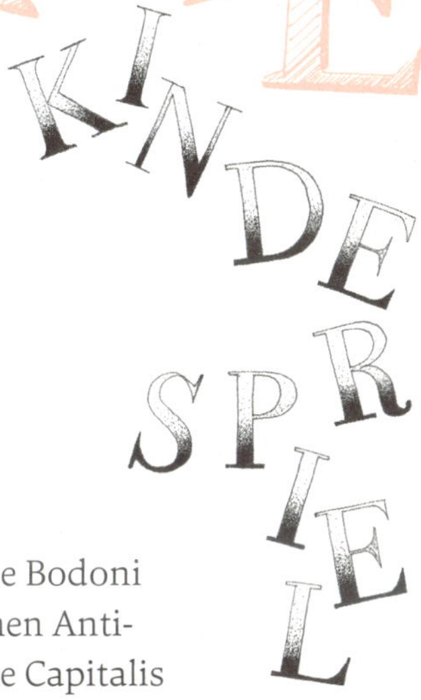

Ihr habt in diesem Buch immer wieder in verschiedenen Zusammenhängen von Antiqua-Schriften gehört. Zusammengefasst sei gesagt, dass die Capitalis Monumentalis als die Mutter aller Antiqua-Alphabete gesehen werden kann und die Lapidar-Antiqua ihr Vorläufer ist (so wie auf Seite 18/19 beschrieben). Schreibst du die Capitalis Monumentalis in einer Strichstärke und ohne Serifen, so wie auf Seite 41, spricht man von der Linear-Antiqua. Diese Skelettschrift beruht wie die Capitalis Monumentalis auf den geometrischen Grundformen Quadrat, Dreieck und Kreis.

Spätere Satzschriften, wie z. B. die Bodoni aus der Familie der Klassizistischen Antiqua-Schriften, haben ebenfalls die Capitalis Monumentalis zum Vorbild, wurden aber für den Buchdruck entwickelt. Auch Schriften wie die Rustika oder Capitalis Quadrata gehören zu den Antiqua-Schriften, oder unsere Kleinbuchstaben, die nach dem Vorbild der humanistischen Antiqua entstanden sind. Aber davon mehr im nächsten Buch, wenn wir euch Schriften aus der Spätantike und dem Mittelalter vorstellen.

Papier A4- oder A3-Format
Bleistift
Verschiedene Fineliner
Brush-Pen

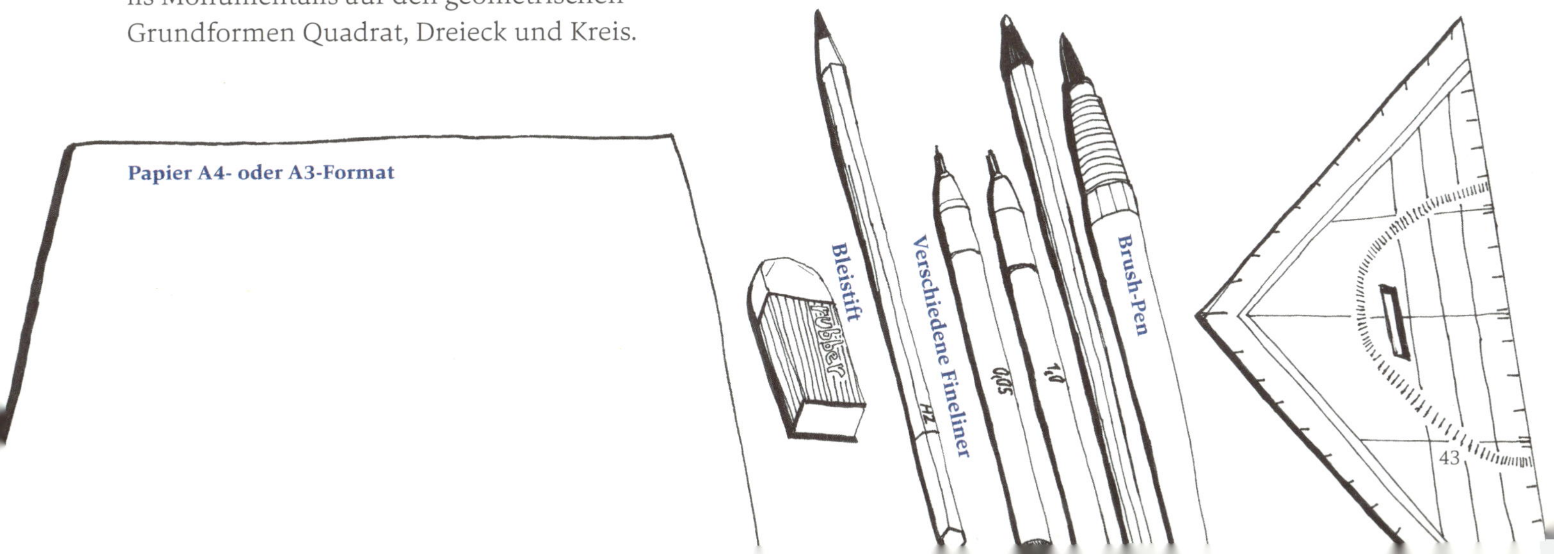

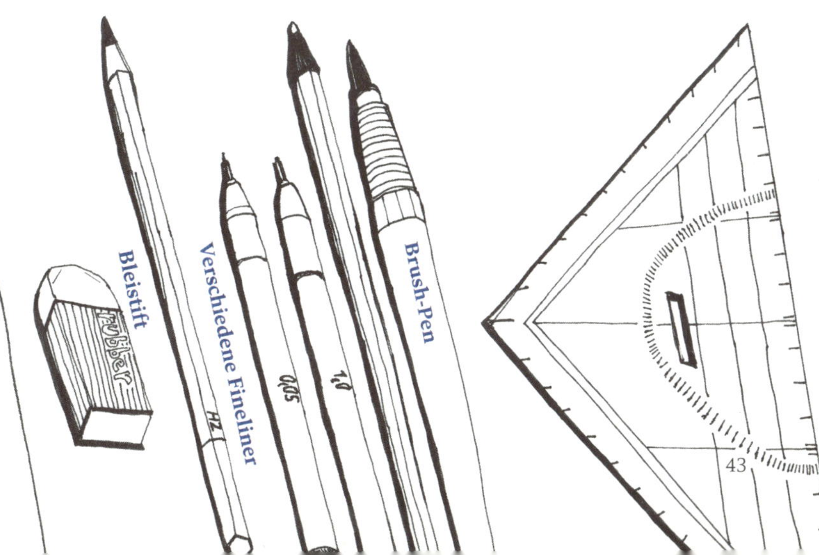

Kalligrafie und kreatives Schreiben für Kinder
ISBN 978-3-7074-1575-9

Claudia Dzengel

Seit 1997 als selbständige Designerin in Wien tätig. Sie studierte Farbdesign an der HAWK Hochschule für angewandte Wissenschaft und Kunst Hildesheim/Holzminden/Göttingen und schloss ihr Studium mit einem Diplom bei Prof. Gottfried Pott ab. Nach einer Kinderpause (Ida *2002, Enno *2004) wurde die Kalligrafie zum Hauptthema ihres künstlerischen Schaffens und seit 2012 gibt sie Kalligrafieseminare und Workshops für Erwachsene und Kinder. 2015 hat sie gemeinsam mit K. Hirschberger das Konzept für die Kinderzeitschrift *Papperlapapp* entwickelt.

info@claudia-dzengel.com
www.claudia-dzengel.com

Auszeichnungen:
Österreichischer Kinder- und Jugendbuchpreis 2014, Kollektion, *Kinder- und Jugendbuchpreis der Stadt Wien 2014*, Anerkennung

Enno Osten

Zeichenbegeisterter Teenager, der in den letzten Jahren seinen eigenen Strich entwickelte und damit international ausgelobte Wettbewerbe wie z.B. den U13-Wettbewerb von *Tschutti-Heftli* zur Fußball-WM 2018 gewann.

www.nilpferd.at
www.ggverlag.at

ISBN 978-3-7074-5214-3
In der aktuell gültigen Rechtschreibung.
Hergestellt in Europa, Papier aus verantwortungsvoll bewirtschafteten Quellen.

1. Auflage 2018

Grafisches Konzept Claudia Dzengel
Kalligrafien Claudia Dzengel
Illustrationen Enno Osten
Fotos Max Dunin, Hapé Schreiberhuber
Repros Pixelstorm
Grundschrift Carat Light
Überschriften Almaq Rough
Papier Munken Print Cream 120g/m^2
Gesamtherstellung Imprint, Ljubljana

NILPFERD